مدرسه - בית ספר 2
سفر - נסיעה 5
حمل و نقل - תחבורה 8
شهر - עיר 10
چشم انداز - נוף 14
رستوران - מסעדה 17
سوپرمارکت - סופרמרקט 20
نوشیدنی ها - שתיות 22
غذا - אוכל 23
مزرعه - חווה 27
خانه - בית 31
اتاق نشیمن - סלון 33
آشپزخانه - מטבח 35
حمام - חדר אמבטיה 38
اتاق بچه - חדר ילדים 42
لباس - בגדים 44
اداره - משרד 49
اقتصاد - כלכלה 51
مشاغل - מקצועות 53
ابزارآلات - כלי עבודה 56
آلات موسیقی - כלי נגינה 57
باغ وحش - גן חיות 59
ورزش ها - ספורט 62
فعالیت ها - פעילויות 63
خانواده - משפחה 67
بدن - גוף 68
بیمارستان - בית חולים 72
موقعیت اضطراری - חירום 76
کره زمین - כדור הארץ 77
ساعت - שעון 79
هفته - שבוע 80
سال - שנה 81
اشکال - צורות 83
رنگ ها - צבעים 84
متضاد ها - הפכים 85
اعداد - מספרים 88
زبان ها - שפות 90
چه کسی / چه چیزی / چگونه - מי / מה / איך 91
کجا - איפה 92

Impressum
Verlag: BABADADA GmbH, Nedderfeld 112 , 22529 Hamburg
Geschäftsführer / Verlagsleitung: Harald Hof
Druck: Books on Demand GmbH, In de Tarpen 42, 22848 Norderstedt

Imprint
Publisher: BABADADA GmbH, Nedderfeld 112 , 22529 Hamburg, Germany
Managing Director / Publishing direction: Harald Hof
Print: Books on Demand GmbH, In de Tarpen 42, 22848 Norderstedt

1

בית ספר

مدرسه

כיתה
کلاس درس
חילק
تقسیم کردن
186/2
לוח
تخته
מורה
معلم
נייר
کاغذ
כתב
نوشتن
עט
خودکار
שולחן עבודה
میز تحریر
סרגל
خط کش
ספר
کتاب
תלמיד
دانش آموز

עיפרון

مداد

קלמר

جامدادی

ילקוט

کیف مدرسه

חוברת סרטוט

دفتر رسم

גומי מחיקה

پاک کن

מחדד

تراش

קופסת צבעים

جعبه ی آبرنگ

מברשת

قلم مو

סרטוט

طراحی

ספר תרגול

کتاب تمرین

דבק

چسب

מספריים

قیچی

חיבר

جمع کردن

מספר

رقم

שיעור בית

تکلیف خانه

חישב

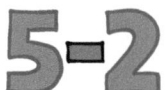

محاسبه کردن

הכפיל

ضرب کردن

חיסר

تفریق کردن

מילה

کلمه

אלפבית

الفبا

אות

حرف الفبا

גיר

گچ

קרא

خواندن

טקסט

متن

מבחן

امتحان

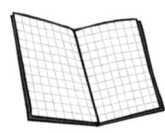

יומן נוכחות

ثبت نام

שיעור

درس

חינוך

تحصیلات

תלבושת בית ספר

لباس مدرسه

תעודה

مدرک رسمی

מיקרוסקופ

میکروسکوپ

אוניברסיטה

دانشگاه

אנציקלופדיה

دانشنامه

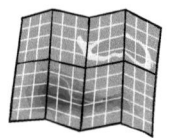

סל נייר

سبد کاغذ باطله

מפה

نقشه

נסיעה

سفر

מלון
هتل
Grand
הוסטל
مسافرخانه
ROOMS
CHANGE
המרת מטבע
صرافی
מזוודה
چمدان
אוטו
اتومبیل

בסדר

اکی

כן / לא

بله / خیر

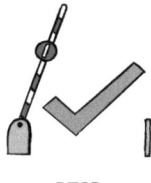

שפה

زبان

תודה

ممنون

מתרגם

مترجم

שלום

سلام

בעיה

....

مشکل

אני לא מבין

....

من متوجه نمی شوم

כמה עולה.....?

....

قیمت ... چه قدر است؟

לילה טוב!

....

شب بخیر!

בוקר טוב!

....

صبح بخیر!

ערב טוב!

....

عصر بخیر! / شب بخیر!

כבודה

....

بار سفر

כיוון

....

جهت

להתראות

....

خدانگهدار

אורח

....

مهمان

תרמיל גב

....

کوله پشتی

תיק

....

کیف

אוהל

....

خیمه

שק שינה

....

کیسه خواب

חדר

....

اتاق

כרטיס אשראי

....

کارت اعتباری

חוף ים

....

ساحل

מרכז מידע לתיירים

....

مرکز راهنمای گردشگران

ארוחת ערב

....

شام

ארוחת צהריים

....

نهار

ארוחת בוקר

....

صبحانه

בול

....

مهر

מעלית

....

آسانسور

כרטיס

....

بلیط

שגרירות

....

سفارتخانه

מכס

....

گمرک

גבול

....

مرز

דרכון

....

گذرنامه

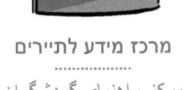

אשרה

....

ویزا

תחבורה

حمل و نقل

מטוס
هواپیما
אונייה
کشتی
כבאית
ماشین آتش نشانی
אוטובוס
اتوبوس
משאית
کامیون
סירת מנוע
قایق موتوری
אופניים
دوچرخه
אוטו
اتومبیل

אופנוע

موتورسیکلت

סירה

قایق

מעבורת

کشتی مسافربری

רכב שכור

ماشین کرایه ای

מכונית מרוץ

ماشین مسابقه

ניידת משטרה

ماشین پلیس

משאית זבל

ماشین حمل زباله

אוטו גרר

جرثقیل

מכוניות בשיתוף

به اشتراک گذاری اتوموبیل

תחנת דלק

پمپ بنزین

דלק

بنزین

מנוע

موتور

פקק תנועה

ترافیک

תנועה

عبور و مرور

תמרור

تابلو راهنمایی و رانندگی

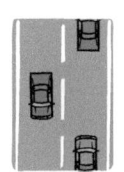

פסי רכבת

ریل راه آهن

תחנת רכבת

ایستگاه قطار

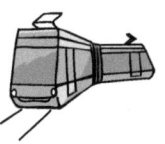

חניה

پارکینگ

קרון

واگن

רכבת קלה

قطار برقی

רכבת

قطار

מגדל

برج

שדה-תעופה

فرودگاه

מסוק

هلیکوپتر

קרטון

کارتن

קונטיינר

کانتینر

נוסע

مسافر

המראה / נחיתה

به پرواز درآمدن / فرود آمدن

סל

سبد

עגלה

گاری

עיר

شهر

בית

خانه

מרכז העיר

مرکز شهر

כפר

دهکده

קולנוע
سینما
פרסומת
تبلیغ
מנורת רחוב
چراغ خیابان
רחוב
خیابان
מונית
تاکسی
קיוסק
دکه
הולך רגל
عابر پیاده
רציף
پیاده رو
מעבר חצייה
خط کشی عابر پیاده
פח אשפה
سطل آشغال بزرگ
צומת
چهارراه
רמזור
چراغ راهنما

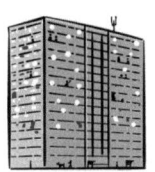

תחנת רכבת

ایستگاه قطار

דירה

آپارتمان

בקתה

کلبه

בית ספר

مدرسه

מוזיאון

موزه

עירייה

ساختمان شهرداری

בית חולים

بیمارستان

בנק

بانک

אוניברסיטה

دانشگاه

משרד

اداره

בית מרקחת

داروخانه

מלון

هتل

חנות פרחים

گل فروشی

חנות

مغازه

חנות ספרים

کتابفروشی

כל-בו

فروشگاه بزرگ

שוק

بازار

סופרמרקט

سوپرمارکت

נמל

بندر

קניון

مرکز خرید

מוכר דגים

ماهی فروش

גשר

پل

ספסל

نیمکت

פארק

پارک

מנהרה

تونل

רכבת תחתית

مترو

מדרגות

پله

מסעדה

رستوران

בר

میخانه

תחנת אוטובוס

ایستگاه اتوبوس

מדחן

دستگاه پارکومتر

שלט רחוב

تابلوی خیابان

תא דואר

صندوق پست

מסגד

مسجد

בריכת שחיה

استخر شنای عمومی

גן חיות

باغ وحش

בית עלמין

قبرستان

זיהום

آلودگی محیط زیست

חווה

مزرعه

בית מקדש

معبد

מגרש משחקים

زمین بازی

כנסייה

کلیسا

נוף

چشم انداز

עלה
برگ
תמרור
تابلوی راهنمای مسیر
דרך
راه
מרעה
چمنزار
אבן
سنگ
מטייל
راه نورد
עץ
درخت
נהר
رودخانه
דשא
چمن
פרח
گل

אגם

دریاچه

הר

تپه

בקעה

دره

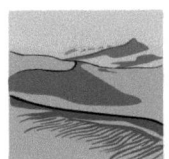

הר געש

کوه آتشفشان

מדבר

بیابان

יער

جنگل

פטריה

قارچ

קשת בענן

رنگین کمان

טירה

قلعه

זבוב

مگس

יתוש

پشه

דקל

درخت نخل

עכביש

عنکبوت

דבורה

زنبور

נמלה

مورچه

סנאי

سنجاب

צפרדע

قورباغه

חיפושית

سوسک

ינשוף

جغد

ארנב

خرگوش صحرایی

קיפוד

جوجه تیغی

חזיר בר

گراز

ברבור

قو

ציפור

پرنده

סכר

سد آب

אייל הקורא

گوزن شمالی

צבי

گوزن نر

אקלים

آب و هوا

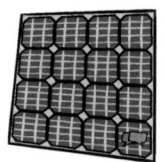

פנל סולארי

صفحه ی خورشیدی

טורבינת רוח

توربین بادی

מסעדה

رستوران

תפריט
منوی غذا
כסא
صندلی
מרק
سوپ
פיצה
پیتزا
סכו"ם
سرویس کارد و قاشق و چنگال
מפת שולחן
رومیزی

מנת פתיחה

پیش‌غذا

מנה עיקרית

غذای اصلی

קינוח

دسر

שתיות

نوشیدنی ها

אוכל

غذا

בקבוק

بطری

קנקן תה

....

قوری

אוכל רחוב

....

اغذیه خیابانی

מזון מהיר

....

فست فود

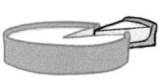

מכונת אספרסו

....

دستگاه اسپرسو

מנה

....

پُرس غذا

מסכרת

....

قندان

מגש

....

سینی

חשבון

....

صورتحساب

כסא תינוק

....

صندلی پایه بلند غذاخوری بچه

כף

....

قاشق

מזלג

....

چنگال

סכין

....

چاقو

כוס

....

لیوان

מפית

....

دستمال سفره

כפית

....

قاشق چایخوری

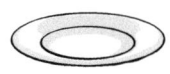

תחתית

....

نعلبکی

קערת מרק

....

بشقاب سوپخوری

צלחת

....

بشقاب

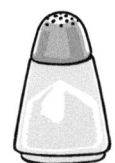

מטחנת פלפל

....

فلفل ساب

מלחייה

....

نمکدان

רוטב

....

سس

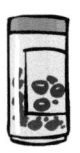

תבלינים

....

ادویه جات

שמן

....

روغن خوراکی

חומץ

....

سرکه

מיונז

....

سس مایونز

חרדל

....

سس خردل

קטשופ

....

سس کچاپ

סופרמרקט

سوپرمارکت

מבצע
پیشنهاد ویژه
לקוח
مشتری
מוצרי חלב
لبنیات
פירות
میوه جات
עגלת קניות
چرخ دستی خرید

אטליז

قصابی

מאפייה

نانوایی

שקל

وزن کردن

ירקות

سبزیجات

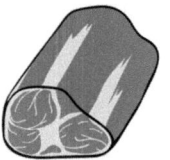

בשר

گوشت

מזון קפוא

غذای منجمد

אבקת כביסה

پودر لباسشویی

שימורים

غذای کنسروی

בשר קר

مخلوطی از انواع کالباس یا پنیر که ورقه ای بریده شده باشند

חומר ניקוי

ماده شوینده و پاک کننده

מוצרי בית

لوازم خانگی

ממתקים

شیرینی جات

קופאי

صندوقدار

קופה

صندوق پرداخت

מוכרת

فروشنده

ארנק

کیف پول

שעות פתיחה

ساعات کار

רשימת קניות

لیست خرید

שקית נילון

کیسه ی پلاستیکی

תיק

کیف

כרטיס אשראי

کارت اعتباری

שתיות

نوشیدنی ها

חלב

شیر

מיץ

آبمیوه

מים

آب

בירה

آبجو

יין

شراب

קולה

نوشابه کوکاکولا

תה

چای

קקאו

کاکائو

אלכוהול

الکل

קפוצ'ינו

کاپوچینو

אספרסו

قهوه اسپرسو

קפה

قهوه

אוכל
غذا

תפוז

پرتقال

תפוח

سیب

בננה

موز

גזר

هویج

לימון

لیمو

אבטיח

انواع هندوانه و خربزه

בצל

پیاز

במבוק

نی بامبو

שום

سیر

אטריות

ماکارونی

אגוזים

آجیل

פטריות

قارچ

סלט

سالاد

אורז

برنج

ספגטי

اسپاگتی

פיצה

پیتزا

צ'יפס

سیب زمینی سرخ شده

צ'יפס

سیب زمینی سرخ کرده

שניצל

شنیتسل

כריך

ساندویچ

המבורגר

همبرگر

נקניקיה

سوسیس

סלאמי

سالامی

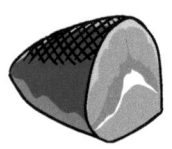

שינקין

ژامبون خوک

דג

ماهی

טיגון

نوعی گوشت سرخ شده

עוף

مرغ

קורנפלקס

....

کورن‌فلکس

מוזלי

....

نوعی صبحانه مخلوطی از برگه ذرت و
میوه های خشک شده و خشکبار که
معمولا با شیر خورده می شود

שיבולת שועל

....

جوی پرک شده

לחמנייה

....

نان بروتشن

קרואסון

....

کرواسان

קמח

....

آرد

עוגיות

....

بیسکویت

טוסט

....

نان تست

לחם

....

نان

עוגה

....

کیک

גבינה לבנה

....

کشک

חמאה

....

کره

גבינה

....

پنیر

ביצת עין

....

تخم مرغ نیمرو

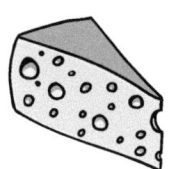

ביצה

....

تخم مرغ

דבש

عسل

סוכר

شکر

גלידה

بستنی

קארי

ادویه کاری

ממרח נוגט

کرم شکلاتی بادامی

ריבה

مربا

חווה
مزرعه

خانه ی مزرعه داران
אסם
انبار غله
חבילת שחת
خرمن کاه
שדה
مزرعه
סוס
اسب
עגלת נגרר
ماشین یدک کش
סייח
کره اسب
טרקטור
تراکتور
חמור
خر
כבש
گوسفند
טלה
بره

עגל
....
گوساله

פרה
....
گاو ماده

עז
....
بز

שור
....
گاو نر

חזרזיר
....
بچه خوک

חזיר
....
خوک

אפרוח

جوجه

ברווז

اردک

אווז

غاز

חולדה

موش صحرایی

תרנגול

خروس

תרנגולת

مرغ

שור

گاو نر اخته

עכבר

موش

חתול

گربه

צינור השקיה

شلنگ باغبانی

מלונה

لانه ی سگ

כלב

سگ

מחרשה

گاوآهن

חרמש

داس دسته بلند

קנקן מים

آبپاش

קלשון

چنگک باغبانی

מגרפה

کج بیل

מגל

داس

שוקת

آبشخور

מריצה

فرقون

גרזן

تبر

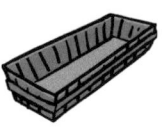

גדר

حصار

שק

کیسه

כד חלב

بطری نگهداری شیر

אדמה

خاک

חממה

گلخانه

אורווה

اصطبل

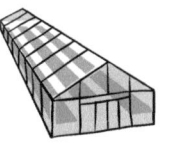

מקצרה

ماشین کمباین

דשן

کود

זרע

بذر

בטטה אפריקנית

تمیس

קציר

محصول

קצר

برداشت کردن محصول

תפוח אדמה

سیب زمینی

סויה

سویا

חיטה

گندم

עץ פירות

درخت میوه

קנולה

کلزا

תירס

ذرت

דגנים

غلات

קסבה

گیاه مانیوک

בית

خانه

ארובה
دودکش
גג
پشت بام
מרזב
ناودان
חלון
پنجره
מוסך
گاراژ
פעמון
زنگ در
דלת
در
פח אשפה
سطل آشغال
תיבת מכתבים
صندوق مراسلات
גינה
باغ

סלון
اتاق نشیمن

חדר אמבטיה
حمام

מטבח
آشپزخانه

חדר שינה
اتاق خواب

חדר ילדים
اتاق بچه

חדר אוכל
ناهارخوری

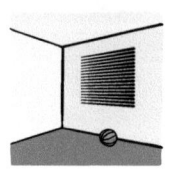

תקרה

سقف

קיר

دیوار

רצפה

کف زمین

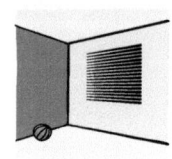

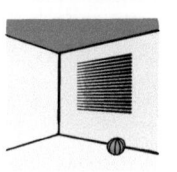

מרפסת

بالکن

סאונה

سونا

מרתף

زیرزمین

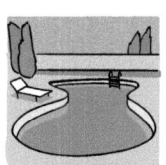

מכסחת דשא

ماشین چمن‌زنی

בריכה

استخر

מרפסת

تراس

מיטה

تخت خواب

כיסוי מיטה

روتختی

סדין

ملافه

מפסק

سویچ یا کلید

דלי

سطل

מטאטא

جارو

סלון

اتاق نشیمن

טפט
کاغذ دیواری
תמונה
عکس
מנורה
لامپ
מדף
قفسه
ארון
کابینت
טלוויזיה
تلویزیون
אח
شومینه
פרח
گل
כרית
کوسن
ספה
کاناپه
אגרטל
گلدان
שלט רחוק
کنترل تلویزیون و ویدئو و غیره

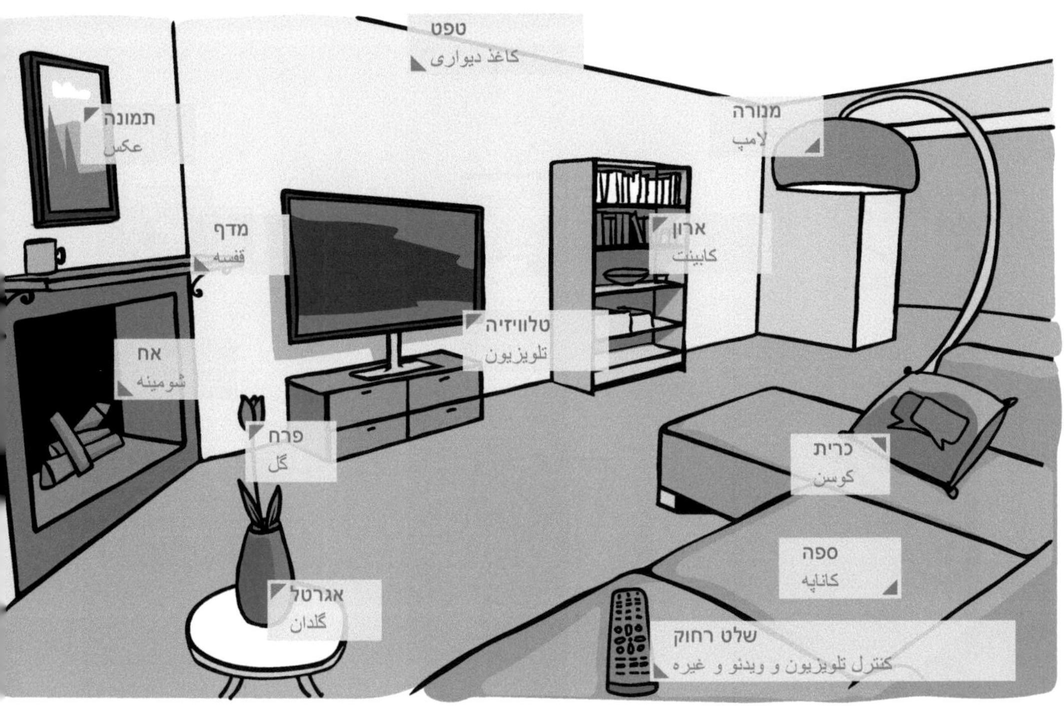

שטיח

فرش

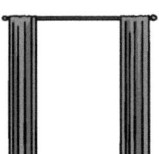

וילון

پرده

שולחן

میز

כסא

صندلی

כיסא נדנדה

صندلی گهواره ایی

כורסה

صندلی راحتی

דקורציה

دکوراسیون

שמיכה

لحاف

ספר

کتاب

מערכת סטריאו

دستگاه ضبط صوت

סרט

فیلم

עצי הסקה

هیزم

ציור

تابلو نقاشی

עיתון

روزنامه

מפתח

کلید

מחברת

دفترچه یادداشت

רדיו

رادیو

פוסטר

پوستر

נר

شمع

קקטוס

کاکتوس

שואב אבק

جاروبرقی

מטבח
آشپزخانه

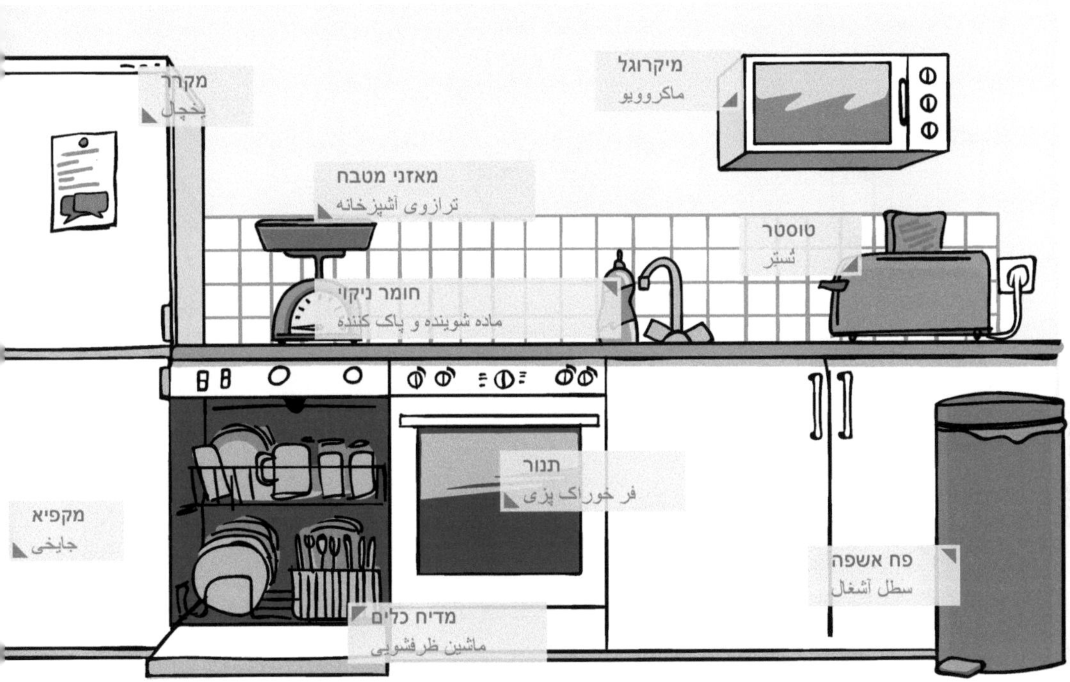

מקרר
یخچال
מיקרוגל
ماکروویو
טוסטר
تُستر
חומר ניקוי
ماده شوینده و پاک کننده
תנור
فر خوراک پزی
מקפיא
جایخی
פח אשפה
سطل آشغال
מדיח כלים
ماشین ظرفشویی

סיר ברזל

قابلمه چدنی

סיר

قابلمه

תנור

اجاق گاز

קומקום חשמלי

کتری

מחבת

ماهی تابه

ווק

ماهی تابه گود

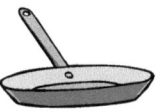

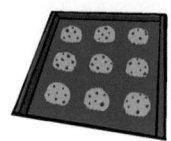

כלי אוכל

ظرف چینی آشپزخانه

מגש אפייה

سینی فر

מאדה

بخارپز

צ'ופסטיקס

چاپستیک

קערה

کاسه

ספל

لیوان

מטרפה

همزن

מרית

کفگیر

מצקת

ملاقه

מגרדת

رنده

מסננת

آبکش

מסננת בישול

آبکش

מדורה

محل مخصوص افروختن آتش

גריל

باربیکیو

מכתש

هاون

פותחן פקקים

....

در بطری بازکن

מערוך

....

وردنه

קרש חיתוך

....

تخته گوشت و سبزی

מטלית

....

دستگیره پارچه ای

פותחן קופסאות

....

در قوطی بازکن

פחית

....

قوطی

ספוג

....

اسفنج

מברשת

....

برس گردگیری

כיור

....

سینک ظرفشویی

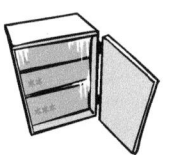

בקבוק לתינוק

....

شیشه شیر بچه

מקפיא

....

فریزر

בלנדר

....

مخلوط کن

ברז

....

شیر آب

חדר אמבטיה

حمام

חימום
بخاری
מקלחת
دوش
מגבת
حوله
וילון מקלחת
پرده ی حمام
אמבטיית קצף
حمام کف
אמבטיה
وان حمام
כוס
لیوان
מכונת כביסה
ماشین لباسشویی
ברז
شیر آب
אריחים
کاشی
סיר לילה
لگن دستشویی کودکان
כיור
سینک ظرفشویی

אסלה
توالت

אסלת כריעה
توالت ایرانی

בידה
کاسه توالت

משתנה
توالت مخصوص آقایان

נייר טואלט
دستمال توالت

מברשת אסלה
فرچه توالت

حمام - חדר אמבטיה

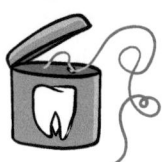

חוט דנטלי

نخ دندان

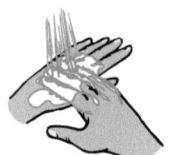

משחת שיניים

خمیردندان

מברשת שיניים

مسواک

צינור שטיפה לשירותים

شلنگ توالت

מקלחת יד

دوش آب تلفنی

שטף

شستن

סבון

صابون

מברשת גב

برس شست و شوی پشت

קערת רחצה

لگن روشویی

ליפה

لیف حمام

שמפו

شامپو

ג'ל רחצה

شامپو بدن

דיאודורנט

اسپری دئودورانت

קרם

کرم

ניקוז

راه آب

סכין גילוח

تیغ ریش تراشی

מראת יד

آیینه ی کوچک دستی

מראה

آیینه

מסרק

شانه ی سر

אפטרשייב

افترشیو

קצף גילוח

کف ریش تراشی

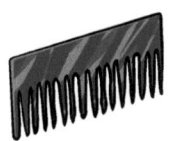

ספריי לשיער

اسپری مو

מייבש שיער

سشوار

מברשת

برس

לק

لاک ناخن

שפתון

رژلب

איפור

آرایش

בושם

عطر

מספריים לציפורניים

قیچی ناخن

צמר גפן

پنبه

משקל

ترازو

שרפרף

چهارپایه

תיק כלי רחצה

کیف لوازم آرایشی و بهداشتی

טמפון

تامپون

כפפות גומי

دستکش ظرفشویی

חלוק רחצה

حوله ی پالتویی

שירותים כימיקליים

توالت سیار

תחבושת סניטרית

نوار بهداشتی

חדר ילדים

اتاق بچه

שעון מעורר
ساعت زنگدار
צעצוע חיבוק
نوعی عروسک نرم به شکل حیوانات
מכונית צעצוע
ماشین اسباب بازی
רעשן
جغجغه
בית בובות
خانه ی عروسکی
מתנה
کادو

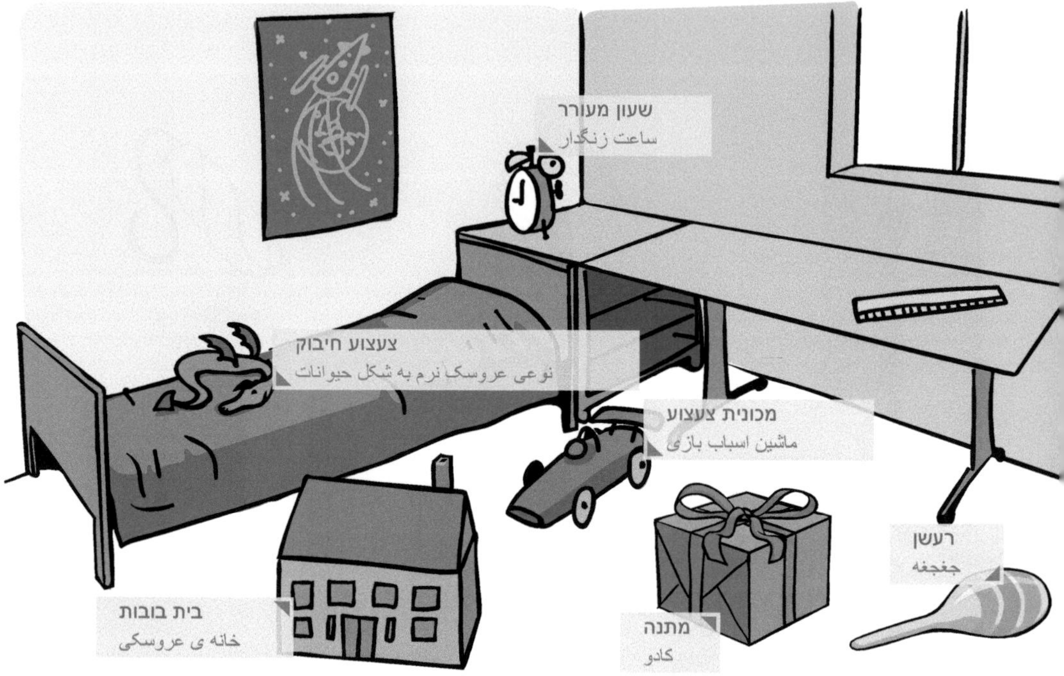

בלון

بادکنک

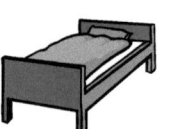

מיטה

تخت خواب

עגלה

کالسکه بچه

משחק קלפים

بازی ورق

פאזל

پازل

קומיקס

داستان مصور

דמות משחק

عروسک شخصیت های فیلم و کارتون

קוביות משחק

خانه سازی

לגו

اسباب بازی لگو

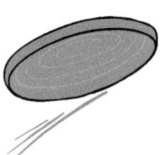

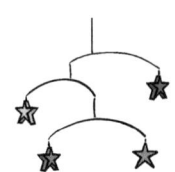

נייד

نوعی اسباب بازی که روی تخت نوزاد
یا کودک نصب می شود

פריזבי

فریزبی

סרבל תינוקות

لباس نوزاد

רכבת צעצוע

قطار اسباب بازی

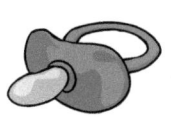

קוביה

تاس

משחק לוח

بازی روی صفحه

אלבום תמונות

کتاب مصور

מסיבה

مهمانی

מוצץ

پستانک

שיחק

بازی کردن

בובה

عروسک

כדור

توپ

צעצועים

اسباب بازی

נדנדה

تاب

ארגז חול

جعبه شنی مخصوص بازی کودکان

דובון

خرس عروسکی

אופניים תלת גלגלי

سه چرخه

קונסולת משחקים

کنسول بازی های کامپیوتری

ארון בגדים

کمد لباس

בגדים

لباس

גרביון

جوراب شلواری

גרביונים

جوراب زنانه ساق بلند

גרביים

جوراب

צעיף
شال

חגורה
کمربند

מטריה
چتر

חולצת טי
تی شرت

מגפיים
پوتین

נעלי בית
دمپایی

נעלי ספורט
کفش ورزشی کتانی

סנדלים
....
صندل

נעליים
....
كفش

מגפי גומי
....
چکمه پلاستیکی

תחתונים
....
شرت

חזייה
....
سوتین

וסט
....
جلیقه

לבוש - בגדים   45

ג'ינס

جین

מכנסיים

شلوار

גוף

بادی

חולצה

پیراهن

חולצה מכופתרת

بلوز

חצאית

دامن

בלייזר

نوعی کت

סווצ׳ר עם קפוצ׳ון

سویی شرت

אפודה

پولیور

מעיל גשם

بارانی

מעיל

کت بلند

ז'קט

ژاکت

שמלת כלה

لباس عروس

שמלה

لباس

תלבושת

لباس نمایش

פיג'מה

پیژامه

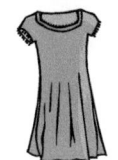

כותונת לילה

لباس خواب زنانه

חליפה

کت و شلوار

טורבן

عمامه

מטפחת ראש

روسری

סארי

ساری

עבאיה

عبا

קאפטן

قبا

בורקה

برقع

מכנסיים קצרים

شلوارک

בגד ים

شرت شنا

בגד ים

لباس شنا

כפפות

دستکش

סינר

پیشبند

בגד אימון

لباس ورزشی

צמיד יד

دستبند

משקפיים

عینک

כפתור

دکمه

עגיל

گوشواره

טבעת

انگشتر

שרשרת

گردنبند

כובע

کلاه

קולב

چوب لباسی

כובע

کلاه لبه دار

קסדה

کلاه ایمنی

רוכסן

زیپ

עניבה

کراوات

מדים

لباس فرم

תלבושת בית ספר

لباس مدرسه

כתפיות

بند شلوار

חיתול

پوشک بچه

מוצץ

پستانک

מפית אוכל

پیش بند بچه

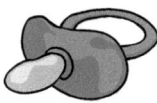

משרד

اداره

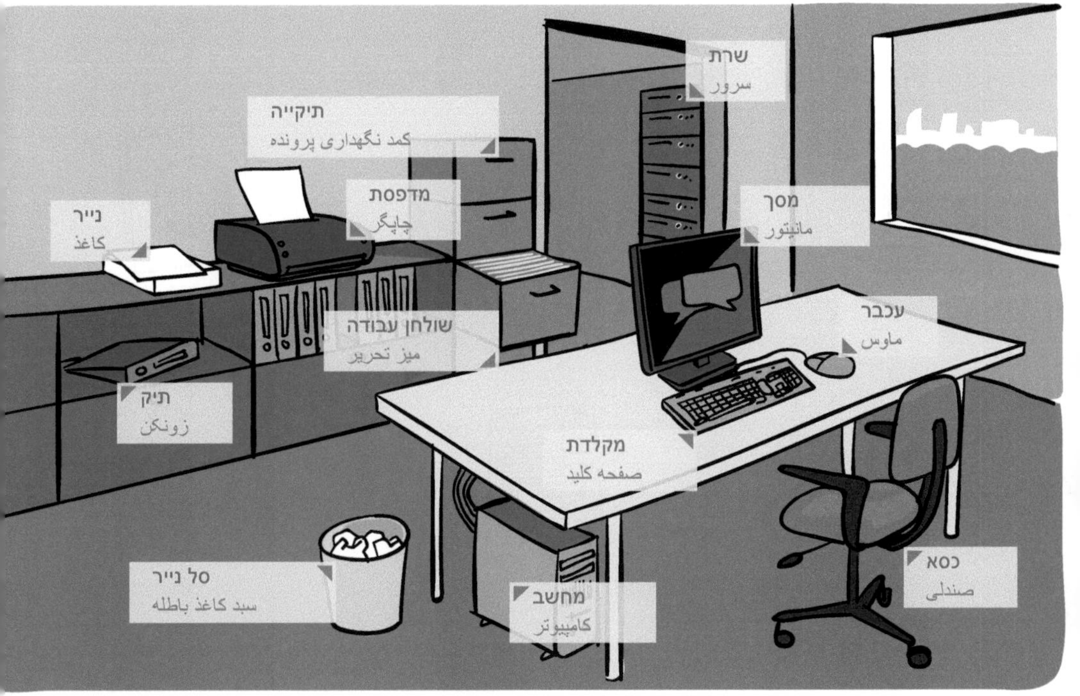

שרת
سرور
תיקייה
کمد نگهداری پرونده
מדפסת
چاپگر
נייר
کاغذ
מסך
مانیتور
עכבר
ماوس
שולחן עבודה
میز تحریر
תיק
زونکن
מקלדת
صفحه کلید
סל נייר
سبد کاغذ باطله
מחשב
کامپیوتر
כסא
صندلی

אינטרנט

اینترنت

מחשבון

ماشین حساب

ספל קפה

لیوان قهوه

מחשב נייד	מכתב	הודעה
لپ تاپ	نامه	پیغام

נייד	רשת	מכונת צילום
تلفن همراه	شبکه ی ارتباطی	دستگاه فتوکپی

תוכנה	טלפון	שקע
نرم افزار	تلفن	پریز

	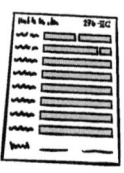	
פקס	טופס	מסמך
دستگاه فاکس	فرم	مدرک

כלכלה

اقتصاد

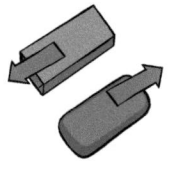

סחר

تجارت کردن

שילם

پرداخت کردن

קנה

خریدن

יורו

یورو

דולר

دلار

כסף

پول

פרנק שווייצרי

فرانک سوئیس

רובל

روبل

ין

ین

כספומט

دستگاه خودپرداز

רופי

روپیه

יואן רנמינבי

یوان رنمینبی

כסף

نقره

זהב

طلا

המרת מטבע

صرافی

מחיר

قیمت

אנרגיה

انرژی

נפט

نفت

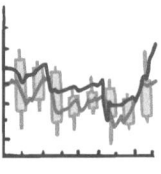

מנייה

سهام سرمایه

מס

مالیات

חוזה

قرارداد

מעסיק

کارفرما

עובד

کارمند

עבד

کار کردن

חנות

مغازه

מפעל

کارخانه

מקצועות
مشاغل

שוטר
مامور پلیس
כבאי
آتش نشان
טבח
آشپز
רופא
دکتر
טייס
خلبان

תופרת

خیاط زنانه

נגר

نجار

גנן

باغبان

שחקן

بازیگر

כימאי

شیمیدان

שופט

قاضی

דייג

ماهیگیر

נהג מונית

راننده تاکسی

נהג אוטובוס

راننده اتوبوس

מלצר

پیشخدمت رستوران

מתקן גגות

سقف ساز

עובדת נקיון

نظافتچی زن

אופה

نانوا

צייר

نقاش

צייד

شکارچی

מהנדס

مهندس

עובד בניין

کارگر ساختمانی

חשמלאי

برقکار

דוור

پستچی

אינסטלטור

لوله کش

קצב

قصاب

מקצועות - مشاغل

קופאי

صندوقدار

אדריכל

معمار

חייל

سرباز

כרטיסן

مامور کنترل بلیط در قطار

ספר

آرایشگر

מוכר פרחים

گل فروش

רופא שיניים

دندانپزشک

קברניט

ناخدا

מכונאי

مکانیک

אימאם

امام

רב

عالم یهودی

מדען

دانشمند

כומר

کشیش

נזיר

راهب

כלי עבודה

ابزارآلات

צבת
انبردست
פטיש
چکش
מברג
پیچ گوشتی
מפתח ברגים
آچار
פנס
چراغ قوه

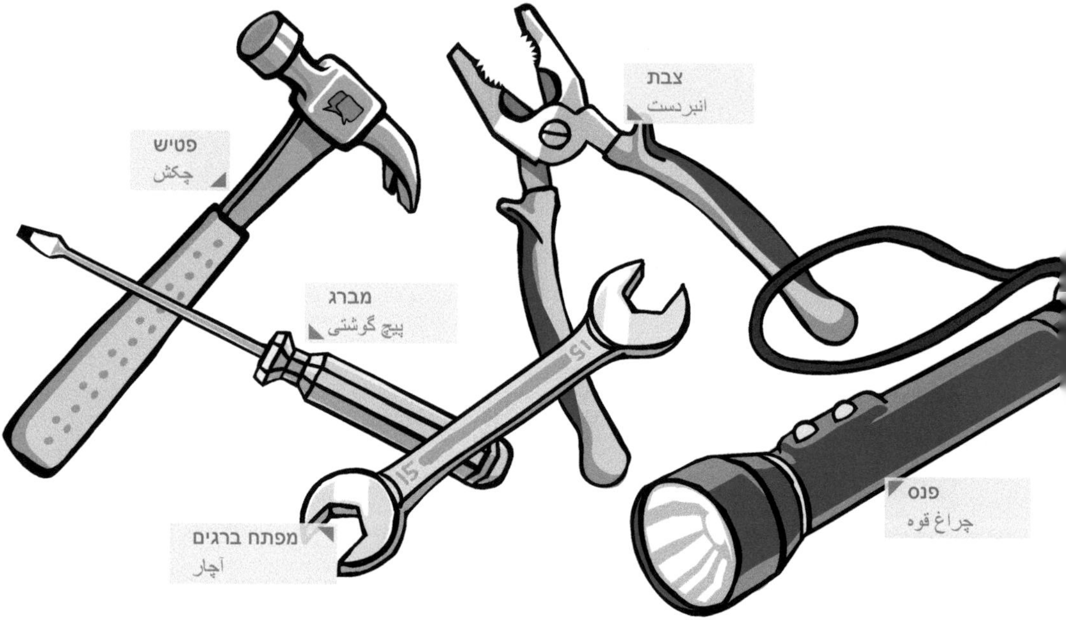

דחפור

بیل مکانیکی

ארגז כלים

جعبه ابزار

סולם

نردبان

מסור

ارّه

מסמרים

میخ

מקדחה

مته

לעזאזל!

لعنتی!

את חפירה

بیل

תיקן

تعمیر کردن

ברגים

پیچ

פח צבע

سطل رنگرزی

יעה

خاک انداز

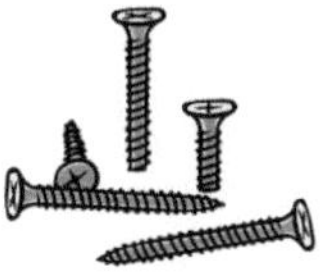

כלי נגינה

آلات موسیقی

רמקול
بلندگو
מערכת תופים
درامز
גיטרה
گیتار
חצוצרה
ترومپت
קונטראבס
کنترباس

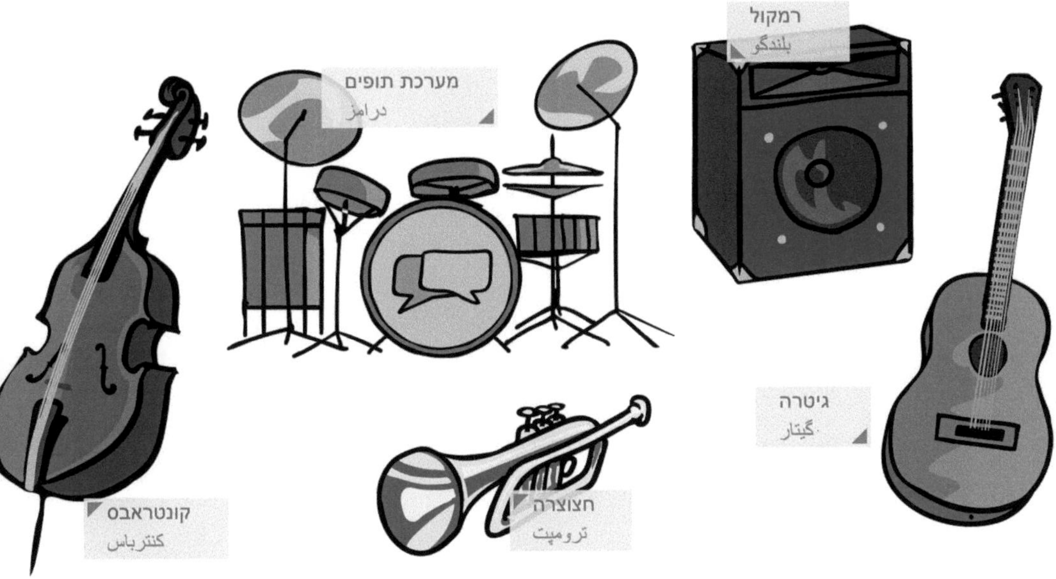

בס

گیتار بیس

כינור

ویولن

פסנתר

پیانو

מקלדת פסנתר

کیبورد الکتریک

תופים

طبل

תוף הדוד

تیمپانی

מיקרופון

میکروفون

חליל

فلوت

סקסופון

ساکسیفون

גן חיות

باغ وحش

כניסה
ورودی
נמר
ببر
כלוב
قفس
זברה
گورخر
מזון לחיות
خوراک حیوانات
פנדה
خرس پاندا

קנגרו

کانگورو

פיל

فیل

בעלי חיים

حیوانات

דוב

خرس

גורילה

گوریل

קרנף

کرگدن

אריה

شیر

יען

شترمرغ

גמל

شتر

תוכי

طوطی

פלמינגו

فلامینگو

קוף

میمون

כריש

کوسه

פינגווין

پنگوئن

דוב הקרח

خرس قطبی

תנין

تمساح

נחש

مار

טווס

طاووس

יגואר

پلنگ امریکایی

כלב ים

خوک آبی

שומר גן החיות

نگهبان باغ وحش

היפופוטאם

اسب آبی

לאופרד

پلنگ

סוס פוני

اسب کوچک

חזיר בר

گراز

נשר

عقاب

ג'ירפה

زرافه

סוס ים

شیرماهی

צב

لاک پشت

דג

ماهی

איילה

غزال

שועל

روباه

ספורט

ورزش ها

פוטבול אמריקאי
فوتبال آمریکایی
רכיבת אופניים
دوچرخه سواری
טניס
تنیس
כדורסל
بسکتبال
שחיה
شنا
אגרוף
بوکس
הוקי
هاکی روی یخ

אתלטיקה

دوومیدانی

בדמינטון

بدمینتون

כדורגל

فوتبال

פולו

پولو

עשה סקי

اسکی

כדור-יד

هندبال

צחק
خندیدن
קפץ
پریدن
חיבק
بغل کردن
הלך
راه رفتن
שר
آواز خواندن
חלם
رؤیا دیدن
התפלל
دعا کردن
נשק
بوسیدن

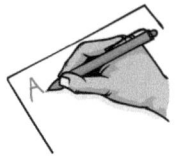

הראה

نشان دادن

צייר

رسم کردن

כתב

نوشتن

לקח

برداشتن

נתן

دادن

דחף

هل دادن

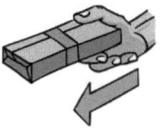

היה

بودن

עשה

انجام دادن

יש / להיות הבעלים

داشتن

משך

کشیدن

רץ

دویدن

עמד

ایستادن

שכב

دراز کشیدن

נפל

افتادن

זרק

پرتاب کردن

ישב

نشستن

סחב

حمل کردن

חיכה

منتظر بودن

התעורר

بیدار شدن

ישן

خوابیدن

התלבש

لباس پوشیدن

ליטף

نوازش کردن

בכה

گریه کردن

הסתכל ב-

تماشا کردن

הבין

فهمیدن

דיבר

حرف زدن

סירק

شانه کردن

שתה

آشامیدن

שמע

شنیدن

שאל

پرسیدن

אהב

عاشق بودن

סידר

مرتب کردن

אכל

خوردن

עף

پرواز کردن

נהג

رانندگی کردن

בישל

پختن

فعالیت ها - פעילויות

שט

قایقرانی کردن

חישב

محاسبه کردن

קרא

خواندن

למד

یاد گرفتن

עבד

کار کردن

התחתן

ازدواج کردن

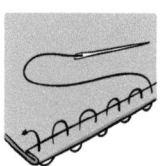

תפר

دوختن

ציחצח שיניים

مسواک زدن

הרג

کشتن

עישן

سیگار کشیدن

שלח

فرستادن

משפחה

خانواده

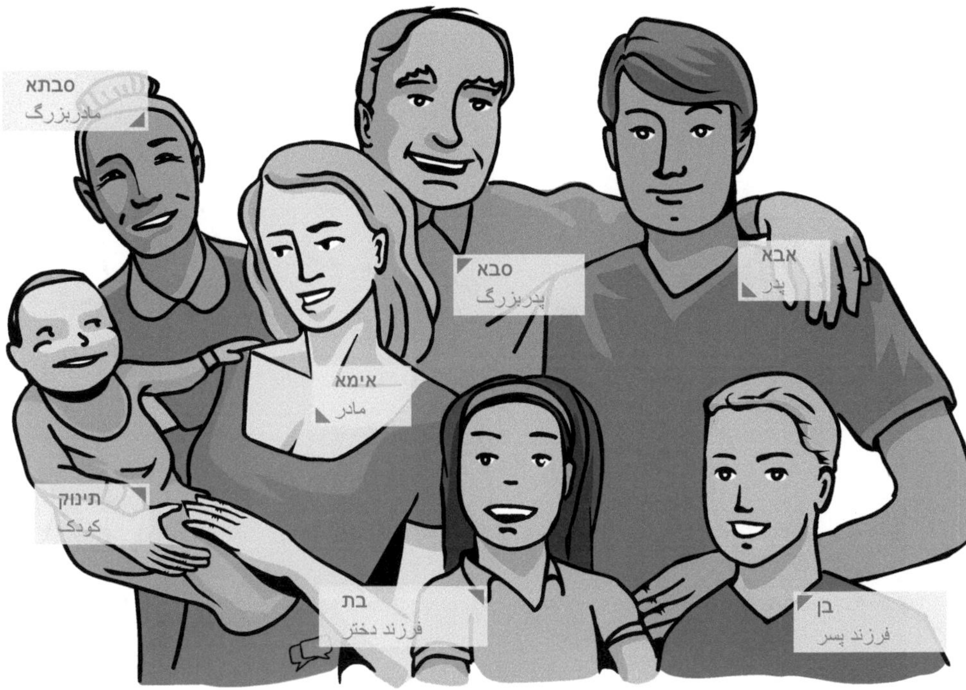
סבתא
مادربزرگ
סבא
پدربزرگ
אבא
پدر
אימא
مادر
תינוק
کودک
בת
فرزند دختر
בן
فرزند پسر

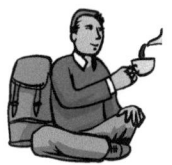

דוד

دایی، عمو

דודה

خاله، عمه

אורח

مهمان

אחות

خواهر

אח

برادر

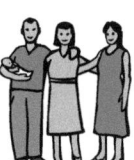

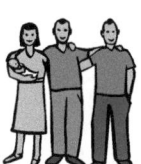

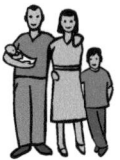

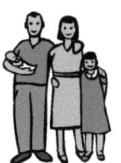

מצח
پیشانی

עין
چشم

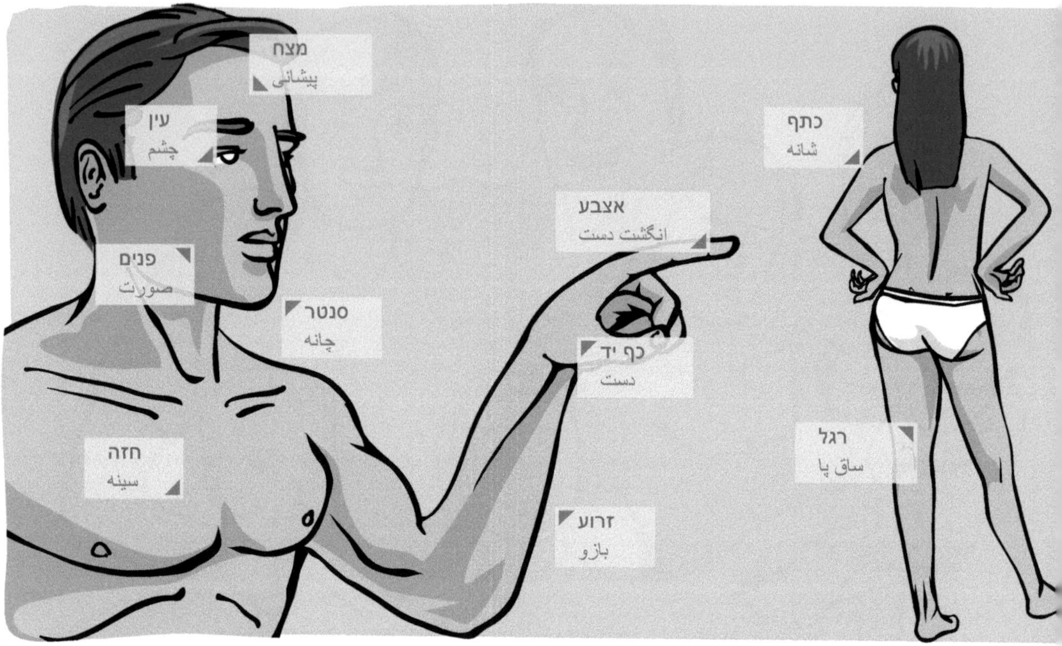

כתף
شانه

אצבע
انگشت دست

פנים
صورت

סנטר
چانه

כף יד
دست

חזה
سینه

רגל
ساق پا

זרוע
بازو

תינוק

كودک

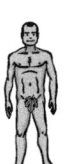

איש

مرد

אישה

زن

ילדה

دختربچه

ילד

پسربچه

ראש

کله

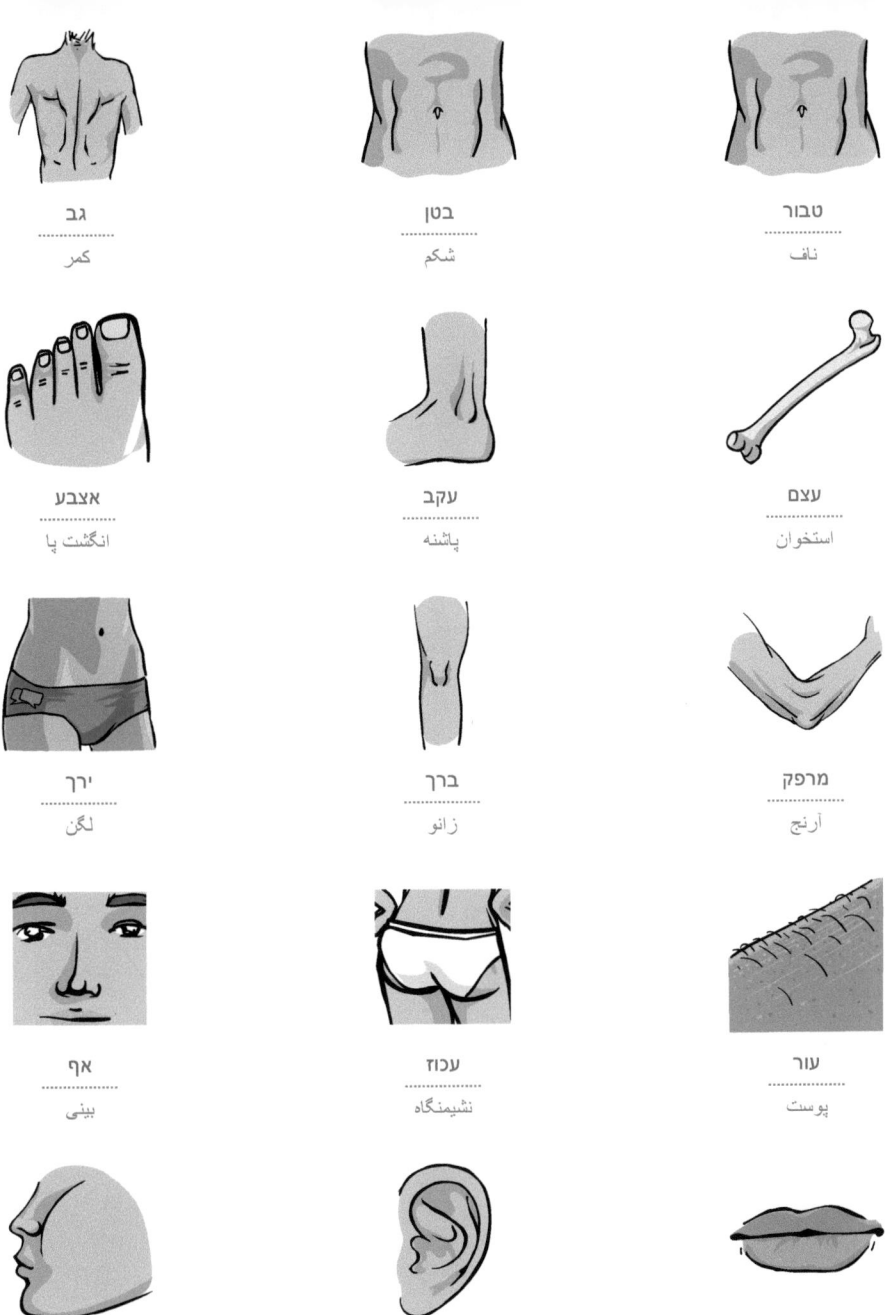

גב	בטן	טבור
كمر	شكم	ناف

אצבע	עקב	עצם
انگشت پا	پاشنه	استخوان

ירך	ברך	מרפק
لگن	زانو	آرنج

אף	עכוז	עור
بینی	نشیمنگاه	پوست

לחי	אוזן	שפתיים
گونه	گوش	لب

לשון

زبان

שן

دندان

פה

دهان

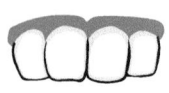

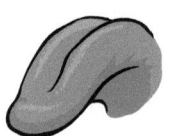

שריר

عضله

לב

قلب

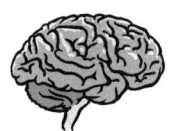

מוח

مغز

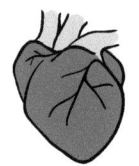

קיבה

معده

כבד

کبد

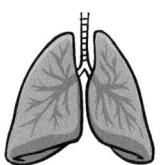

ריאה

ریه

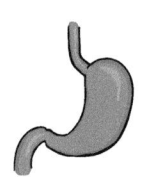

קונדום

کاندوم

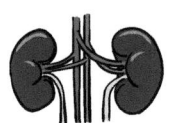

מין

آمیزش جنسی

כליות

کلیه

הריון

حاملگی

זרע

اسپرم

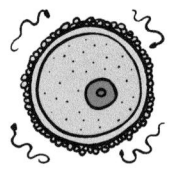

ביצית

تخمک

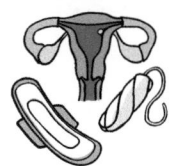

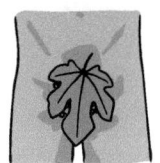

פין

آلت تناسلی مرد

נרתיק

واژن

ווסת

پریود

צוואר

گردن

שיער

مو

גבה

ابرو

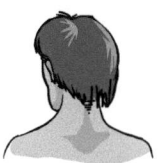

בית חולים

بیمارستان

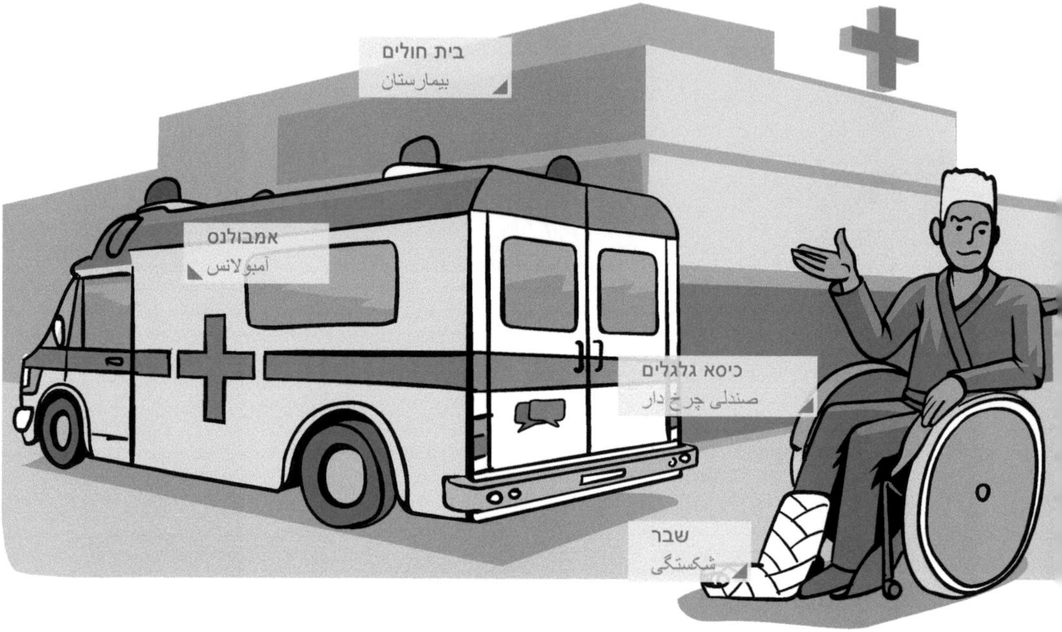

בית חולים
بیمارستان
אמבולנס
آمبولانس
כיסא גלגלים
صندلی چرخ دار
שבר
شکستگی

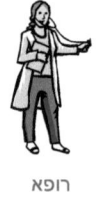

רופא

دکتر

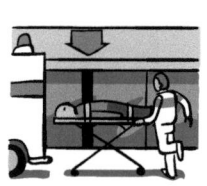

חדר מיון

بخش اورژانس

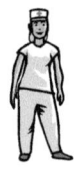

אחות

پرستار

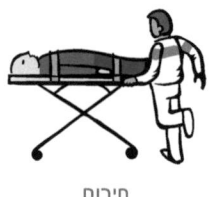

חירום

موقعیت اضطراری

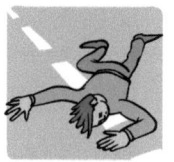

חסר הכרה

بی هوش

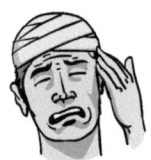

כאב

درد

התקף לב

سکته قلبی

דימום

خونریزی

פציעה

مصدومیت

שיעול

سرفه

אלרגיה

آلرژی

שבץ

سکته مغزی

שלשול

اسهال

שפעת

آنفولانزا

חום

تب

סוכרת

دیابت

סרטן

سرطان

כאב ראש

سردرد

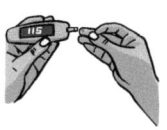

ניתוח

عمل جراحی

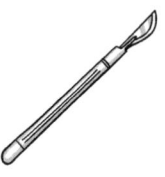

אזמל

چاقوی جراحی

מנתח

جراح

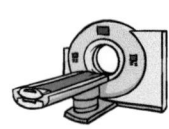

אולטרסאונד

سونوگرافی

רנטגן

پرتونگاری

סי-טי

سی تی اسکن

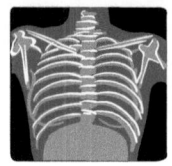

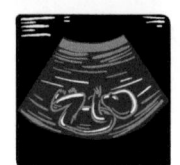

חדר המתנה

اتاق انتظار

מחלה

بیماری

מסיכת פנים

ماسک صورت

תחבושת

پانسمان

פלסטר

چسب زخم

קבה

چوب زیر بغل

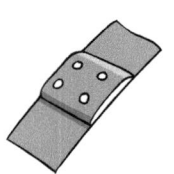

אלונקה

برانکار

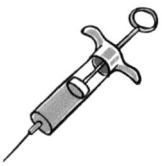

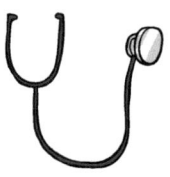

סטטוסקופ

گوشی طبی

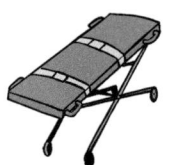

זריקה

تزریق

עודף משקל

اضافه وزن

לידה

زایش

מד חום

دماسنج

זיהום

عفونت

מחטא

ماده ضد غفونی کننده

מכשיר שמיעה

سمعک

תרופה

دارو

איידס

اچ آی وی / ایدز

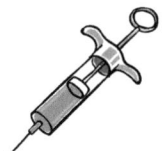

נגיף

ویروس

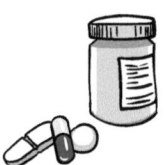

גלולה

قرص ضد حاملگی

טבליות

قرص

חיסון

واکسیناسیون

חולה / בריא

مریض / سالم

מד לחץ דם

دستگاه اندازه گیری فشارخون

קריאת חירום

تماس اظطراری

חירום
موقعیت اضطراری

פשיטה

حمله

אזעקה

آژیر خطر

הצילו!

کمک!

יציאת חירום

خروج اظطراری

סכנה

خطر

תקיפה

حمله ی فیزیکی

תאונה

تصادف

מטף כיבוי

کپسول آتش‌نشانی

אש!

آتش

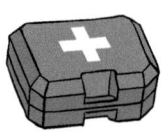

משטרה

پلیس

הצילו!

درخواست کمک

ערכת עזרה ראשונה

جعبه کمک های اولیه

כדור הארץ
کره زمین

דרום אמריקה

آمریکای جنوبی

צפון אמריקה

آمریکای شمالی

אירופה

اروپا

אוסטרליה

استرالیا

אסיה

آسیا

אפריקה

آفریقا

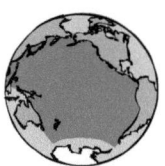

האוקיינוס ההודי

اقیانوس هند

האוקיינוס השקט

اقیانوس آرام

האוקיינוס האטלנטי

اقیا نوس اطلس

הקוטב הצפוני

قطب شمال

האוקיינוס הארקטי

اقیانوس منجمد شمالی

האוקיינוס האנטרקטי

اقیا نوس اطلس جنوبی

כדור הארץ

کره زمین

אנטארקטיקה

قاره قطب جنوب

הקוטב הדרומי

قطب جنوب

אי

جزیره

ים

دریا

אדמה

سرزمین

מדינה

کشور

לאום

ملت

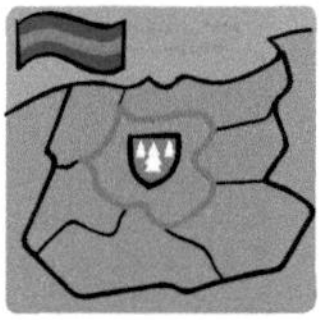

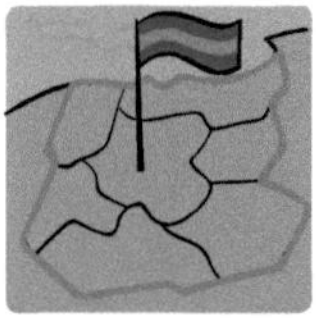

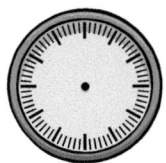

שעון
ساعت

מחוג הדקות

دقیقه شمار

מחוג השעות

ساعت شمار

פני השעון

صفحه ی ساعت

יום

روز

מה השעה?

ساعت چند است؟

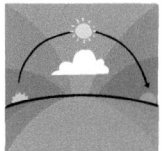

מחוג השניות

ثانیه شمار

שעון דיגיטלי

ساعت دیجیتال

עכשיו

اکنون

זמן

زمان

שעה

ساعت

דקה

دقیقه

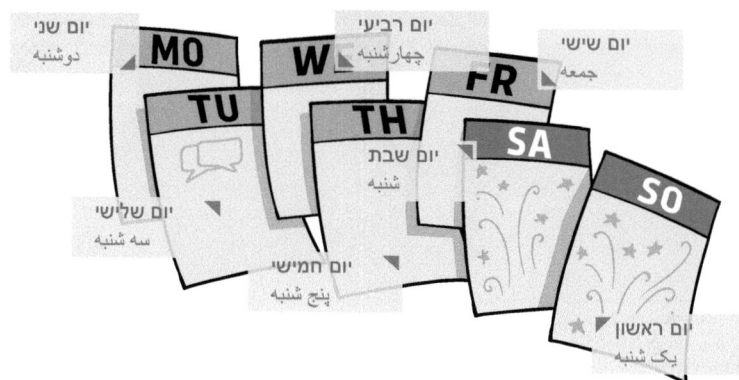

שבוע

هفته

מחר

فردا

היום

امروز

אתמול

دیروز

ערב

غروب

צהריים

ظهر

בוקר

صبح

סוף שבוע

آخر هفته

ימי עבודה

روزهای کاری

80 هفته - שבוע

שנה

سال

שלג
برف
רוח
باد
קשת בענן
رنگین کمان
גשם
باران
חורף
زمستان
סתיו
پاییز
קיץ
تابستان
אביב
بهار

אור שמש

تابش آفتاب

מד חום

دماسنج

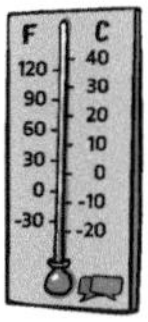

תחזית מזג האוויר

پیش‌بینی اوضاع جوی

לחות

رطوبت هوا

ערפל

مِه

ענן

ابر

ברק

صاعقه

רעם

آسمان غره

סערה

طوفان

ברד

تگرگ

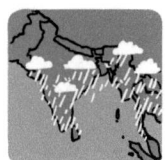

רוח עונתי

باد موسمی

שיטפון

سیل

קרח

یخ

ינואר

ژانویه

פברואר

فوریه

מרץ

مارس

אפריל

آوریل

מאי

مه

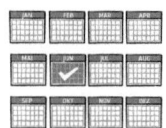

יוני

ژونن

יולי

ژونیه

אוגוסט

آگوست

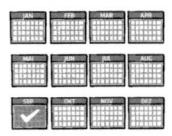

נובמבר

....

نوامبر

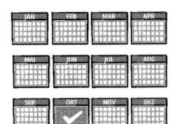

אוקטובר

....

اُکتبر

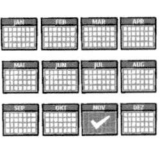

ספטמבר

....

سپتامبر

דצמבר

....

دسامبر

צורות

آشکال

מלבן

....

مستطیل

מרובע

....

مربع

עיגול

....

دایره

קובייה

....

مکعب مربع

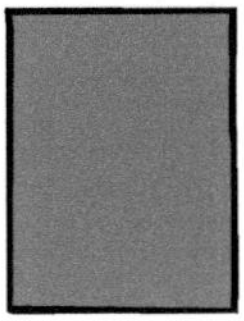

כדור

....

گره

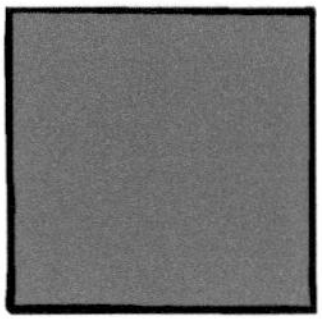

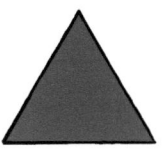

משולש

....

سه گوش

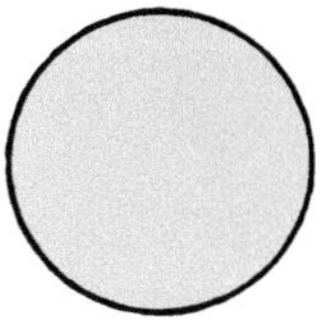

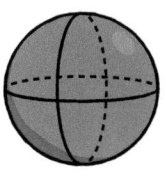

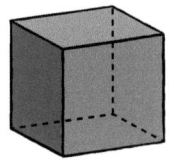

צבעים

رنگ ها

כתום

نارنجی

צהוב

زرد

לבן

سفید

סגול

بنفش

אדום

قرمز

ורוד

صورتی

חום

قهوه ای

ירוק

سبز

כחול

آبی

שחור

سیاه

אפור

خاکستری

הפכים

متضاد ها

יפה / מכוער

زیبا / زشت

כועס / רגוע

خشمگین/ آرام

הרבה / מעט

خیلی / کم

בהיר / כהה

روشن / تیره

גדול / קטן

بزرگ / کوچک

התחלה / סוף

شروع / پایان

שלם / חלקי

کامل / ناقص

נקי / מלוכלך

تمیز / آلوده

אח / אחות

برادر / خواهر

רחב / צר

پهن / باریک

מת / חי

مرده / زنده

יום /לילה

روز / شب

מתרגש / משועמם

هیجان زده / بی حوصله

רשע / טוב לב

غضبناک / مهربان

אכיל / לא אכיל

قابل خوردن / غیر قابل خوردن

חבר / אויב

دوست / دشمن

ראשון / אחרון

اولین / آخرین

שמן / רזה

چاق / لاغر

כבד / קל

سنگین / سبک

קשה / רך

سفت / نرم

מלא / ריק

پر / خالی

בלתי-חוקי / חוקי

غیرقانونی / قانونی

חולה / בריא

مریض / سالم

רעב / צמא

گرسنگی / تشنگی

קרוב / רחוק

نزدیک / دور

שמאל / ימין

چپ / راست

נבון / טיפש

باهوش / خنگ

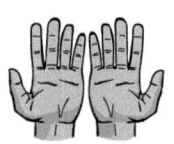

זקן / צעיר

پیر / جوان

כלום / משהו

هیچ چیز / چیزی

חדש / משומש

نو / استفاده شده

שקט / רועש

آهسته / بلند

פתוח / סגור

باز / بسته

פעיל / כבוי

روشن / خاموش

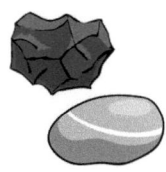

מחוספס / חלק

زبر / صاف

נכון / שגוי

درست / غلط

עשיר / עני

ثروتمند / فقیر

איטי / מהיר

کند / تند

קצר / ארוך

کوتاه / بلند

עצוב / שמח

غمگین / خوشحال

מלחמה / שלום

جنگ / صلح

חם / קר

گرم / خنک

רטוב / יבש

تر / خشک

מספרים

اعداد

0
אפס
صفر

1
אחת
یک

2
שתיים
دو

3
שלוש
سه

4
ארבע
چهار

5
חמש
پنج

6
שש
شش

7
שבע
هفت

8
שמונה
هشت

9
תשע
نه

10
עשר
دَه

11
אחת-עשרה
یازده

12
שתים-עשרה
دوازده

13
שלוש-עשרה
سیزده

14
ארבע-עשרה
چهارده

15
חמש-עשרה
پانزده

16
שש-עשרה
شانزده

17
שבע-עשרה
هفده

18
שמונה-עשרה
هجده

19
תשע-עשרה
نوزده

20
עשרים
بیست

100
מאה
صد

1.000
אלף
هزار

1.000.000
מיליון
میلیون

סינית מנדרינית

چینی ماندارین

אנגלית אמריקאית

انگلیسی آمریکایی

אנגלית

انگلیسی

צרפתית

فرانسوی

ספרדית

اسپانیایی

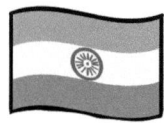

הודית

هندی

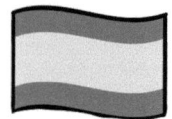

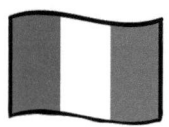

פורטוגזית

پرتغالی

רוסית

روسی

ערבית

عربی

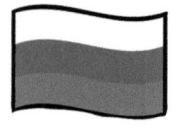

יפנית

ژاپنی

גרמנית

آلمانی

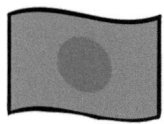

בנגלית

بنگالی

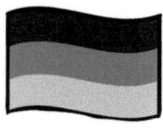

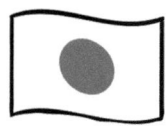

מי / מה / איך

چه کسی / چه چیزی / چگونه

הוא / היא / זה

او

אתה / את

تو

אני

من

הם

آنها

אתם

شما

אנחנו

ما

איך?

چگونه؟

מה?

چی؟

מי?

چه کسی؟ کی؟

שם

نام

מתי?

کِی؟

איפה?

کجا؟

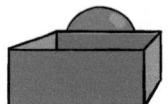

איפה
کجا

לפני

جلو

בתוך

توی

מאחור

پشت

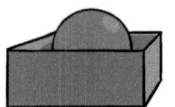

מתחת

زیر

על

روی

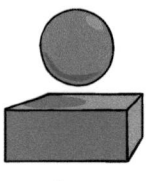

מעל

بالای

מקום

مکان

בין

بین

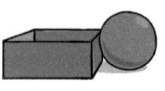

ליד

مجاور

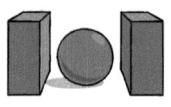